18, rue Barbès, 92128 Montrouge Cedex

Ce titre est paru précédemment dans le magazine *Les Belles Histoires*

Texte et illustrations de Rémi Courgeon

Dépôt légal : août 2022 - ISBN : 979-10-363-4552-4
Imprimé en Europe
Loi n°49-956 du 16 juillet 1949 sur les publications destinées à la jeunesse

Rémi Courgeon

En route pour la Chine

bayard jeunesse

C’était les vacances, il faisait beau,
la mer était calme et chaude.
Pourtant, ce matin-là, Tom se réveilla
de terriblement mauvaise humeur.
Sa maman lui demanda :
– Qu’est-ce que tu as, mon Tom chéri ?
On dirait que tu es fâché contre toute la planète !
En fait, Tom était fâché contre presque toute la planète :
surtout sa maman, son papa et son petit frère,
comme ça, sans raison.
Et puisque c’était comme ça, il avait décidé de partir…

De partir… partir… partir en Chine.
Sur la mappemonde, c'était vraiment très très loin.
Tom prépara son sac à dos et toutes ses affaires
pour un très long voyage : une lampe à piles,
une gourde d'eau fraîche, un gros paquet de gâteaux,
son cahier secret, un seau, une pelle en fer,
et bien sûr Rhinoféroce, son fidèle doudou.

TINTIN
LE LOTUS BLEU

Arrivé sur le sable, Tom trouva un endroit à l'écart
où personne ne faisait attention à lui.
Il creusa, creusa, creusa avec acharnement.
Au début, un enfant ou deux avaient bien essayé
de jouer avec lui.
Mais Tom ne jouait pas, il partait vraiment.
C'est loin, la Chine.
Tom creusait un tunnel qui allait traverser toute la Terre.
Il savait qu'il lui faudrait beaucoup de courage,
mais il avait une pelle en fer
et une volonté d'acier.

Tom creusa longtemps…
très longtemps.
Arrivé au centre de la Terre,
il s’accorda une pause-goûter,
sans manger trop :
il ne fallait pas gâcher ses provisions,
le chemin était encore long.

Loin derrière lui, il apercevait
la lumière de l'entrée du tunnel.
Soudain, catastrophe !
Un pied géant se planta juste devant lui.
Tom entendit quelqu'un qui criait.
ça ressemblait beaucoup à un gros mot.

En Chine, personne ne parle français.
Heureusement, Tom parlait un peu chinois.
Son copain Yiyi lui avait appris
des mots de son pays, la Chine.

Tom s'arrêta un moment pour réviser
les mots chinois qu'il connaissait :
soleil se dit « tai yang », merci se dit « xie xie »,
bonjour se dit « ni hao », ami se dit « peng you ».

Tom creusait depuis longtemps,
peut-être mille millions de minutes.
Était-ce la nuit ou le jour ?
Il eut un petit moment de découragement.
Il pensa à ses parents.
D'un seul coup, il eut tellement envie
de les retrouver qu'il faillit rebrousser chemin.
Mais Rhinoféroce lui donna
le courage de repartir.

Un autre incident faillit le faire renoncer :
Tom fut attaqué par trois crabes jaunes
terriblement agressifs.
Il leur hurla la seule menace
qu'il connaissait en chinois : – Zou kai !
Ce qui veut dire : « Va-t'en ! »
Et les crabes s'enfouirent dans le sable, terrorisés.
C'était un signe.
C'était peut-être le signe
que Tom venait d'arriver en Chine.

走开

Maintenant,
Tom allait enfin mettre le pied sur le sol chinois.
Il but sa dernière gorgée d'eau,
puis il reprit sa pelle en fer
pour attaquer la terre avec énergie.
Tom ne se décourageait pas,
malgré la fatigue qui se faisait cruellement sentir.
Soudain, la lumière du soleil l'aveugla :
ça y est, il était en Chine !

Tom débarqua en plein milieu d'un repas.
Ça sentait très bon.
Intimidé, il dit : – Ni hao,
le bonjour que Yiyi lui avait appris.
Toute la famille lui rendit son bonjour :
– Ni hao.

Soudain,
une fillette fit un geste en direction d'un parasol,
un peu plus loin sur la plage,
et elle dit en français :
– C'est toi, Tom ?
Je crois que tes parents te cherchent,
ils crient ton nom partout.

Tom reprit donc ses affaires
et il repartit en France, à pied.
Il arriva au bon moment :
sa maman avait sorti le pique-nique.
Elle le prit dans ses bras et elle lui demanda :
– Où étais-tu comme ça, mon chéri ?
On t'a cherché partout !
Mais tu es tout couvert de sable !
– Oh, répondit Tom,
j'étais juste parti faire un petit tour
en Chine !

Retrouvez dans la même collection

Les Belles Histoires

Des histoires pour tous les âges !

dès 1 an

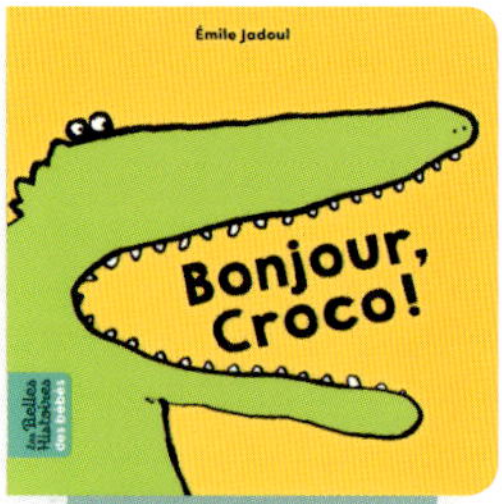

Les Belles Histoires des bébés

dès 2 ans

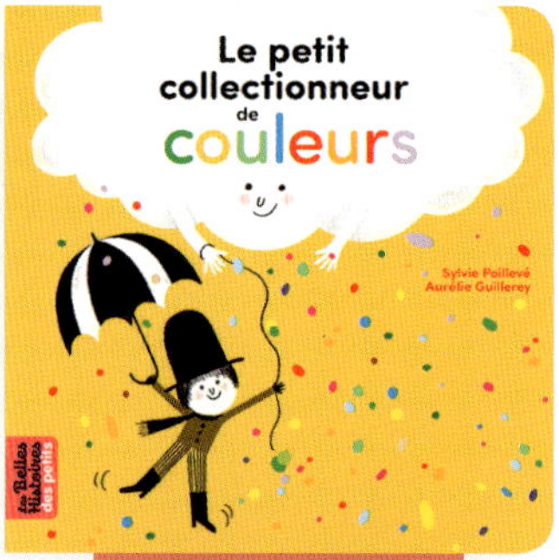

Les Belles Histoires des petits

dès 3 ans

Les Belles Histoires

Illustration : David Parkins